SOPA DE LLIBRES

Mallorca, 45, 4a planta. 08029 Barcelona
Telèfon 932 172 054. Fax 932 373 469
barcanova@barcanova.cat
www.barcanova.cat

Disseny: Manuel Estrada
Edició: Educartist SCP

Quarta edició: febrer de 2011

ISBN: 978-84-489-2091-3
Dipòsit legal: B-3414-2011

Imprès a Gràfiques 92, SA
Av. Can Sucarrats, 91
08191 Rubí
Printed in Spain

El pirata
i la princesa

SOPA DE LLIBRES

Salvador Comelles

El pirata i la princesa

Il·lustracions
de Francesc Rovira

BARCANOVA EDITORIAL

Per al Joan

8

Hi havia una vegada
un vaixell pirata que
navegava mar enllà.
Al vaixell hi anava una
princesa. Els pirates
l'havien fet presonera
i el capità volia canviar-la
per un gran tresor.

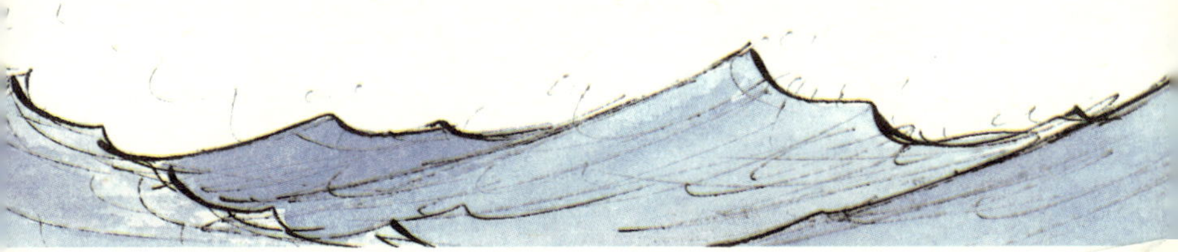

Però el viatge havia estat molt llarg. Havien passat els dies i les nits... i el capità dels pirates s'havia enamorat de la princesa.

Ara ja no volia
tornar-la, però no sabia
què fer, perquè els altres
pirates esperaven el tresor
que els havia promès.

Una tarda, navegant
per un mar que cada
cop tenia més fondària,
el grumet va cridar:
—Illa a la vista!
Era una illa petita,
quadrada i llisa,
de color rosat.

El vaixell s'hi va acostar,
i dos pirates van baixar
fins a terra, però així
que hi van posar el peu,
van començar a patinar.
El terra lliscava
i feia olor de roses.

—És sabó, capità! —van cridar els pirates.
El capità va exclamar:
—Taurons! Una illa de sabó?
—Que bé! Ens podrem afaitar! —va dir un pirata.

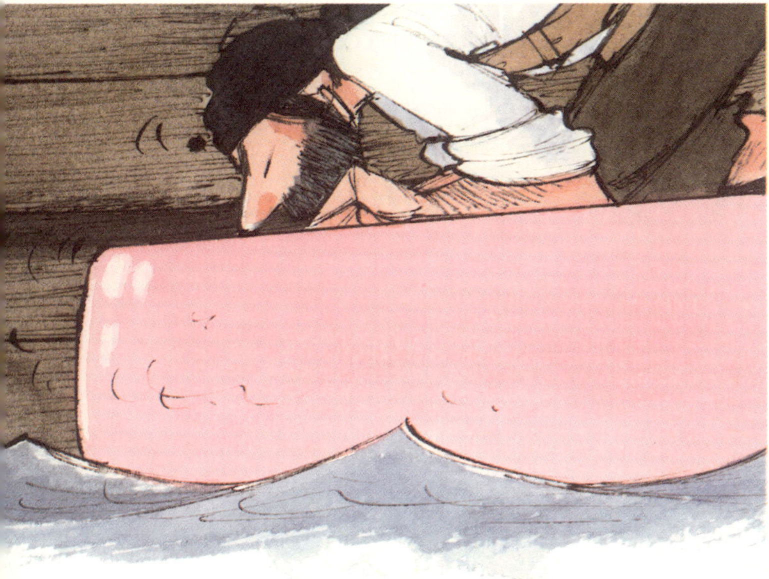

—Ni parlar-ne! —va dir
corrents el capità—.
Els qui tripulen
la nau pirata
han de ser homes
ben barbuts!

El capità va manar
que tallessin un tros
de l'illa de sabó
i el guardessin
a la bodega del vaixell
per si més endavant
el podien canviar
per alguna cosa
de valor.

Però l'olor de roses
va arribar fins a la
princesa, que va cridar
el capità i li va dir
que volia banyar-se.
El capità va dir
que ell mateix
li duria el sabó.

Mentre la princesa
es banyava, l'illa es va
anar quedant enrere.
El mar estava mogut, ara,
i hi havia onades d'escuma.

De cop i volta,
des d'estribord,
un pirata va veure
a l'aigua alguna cosa
que es movia...

—Un cocodril! —va cridar.
—Salmons! —va exclamar
el capità.
—No, capità,
cocodrils! —va dir
el pirata.
—Ja ho he entès,
tros d'anxova! —va dir
el capità, que tenia
mal geni.

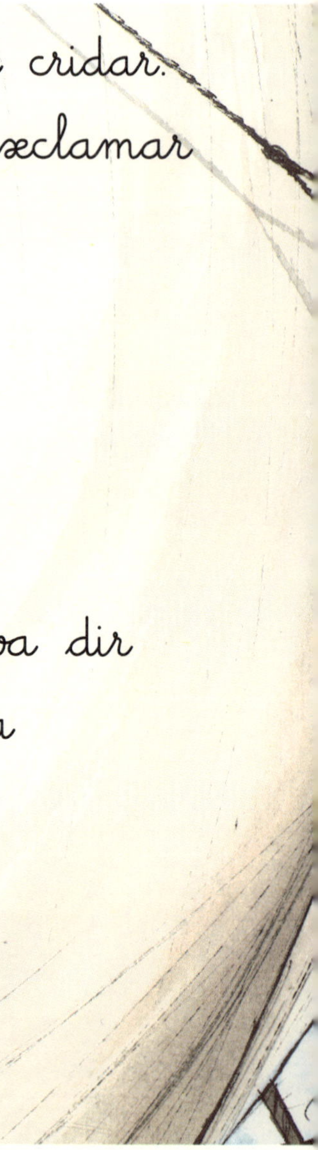

En aquell moment,
un home va anunciar
des de l'altra banda:

—I dos ànecs grocs
a babord!
—Ànecs grocs? —va dir
el capità—. Quin mar
tan estrany!

I ja se n'anava
a consultar el mapa,
quan un tercer crit
li va fer saltar el cor...

—Princesa a l'aigua...!
La princesa, que s'estava
banyant, havia relliscat
amb el sabó i havia
caigut al mar, justament
pel cantó d'estribord.

El capità no s'ho va pensar dos cops i es va llançar a l'aigua per mirar de salvar-la.

Però el cocodril
estava a l'aguait.
Va arribar fins
al capità i li va clavar
queixalada...

Es va sentir un crac!,
com si s'hagués trencat
el pal major en una nit
de tempesta.

—Dragons! —va cridar el capità—. La meva cama de fusta...

Llavors, just en
el moment en què
el capità i la princesa
estaven més en perill,
es va sentir una veu
des de fora del mar...

—Joan, treu les joguines
de la banyera i renta't,
que la Naina s'està
esperant.

Aleshores, una mà
els va treure de l'aigua,
i el capità va intentar
fer un petó a la princesa,
però no hi va ser a temps.

Al cap d'una estona tots havien tornat al seu lloc, però el capità i la princesa van quedar separats i cap dels dos no va saber on havia anat a parar l'altre.

Va passar el temps.
El capità pirata
es va quedar sense vaixell,
però mai no va oblidar
la princesa.

Ara feia de mecànic
en un garatge
a l'habitació del Joan.
La princesa ja no vivia
en cap castell.

Ara feia de cuinera
a l'habitació de la Naina
i, de tant en tant,
es recordava d'aquell
capità que li va voler
salvar la vida.

Un dia, a l'habitació
del Joan, es va celebrar
una cursa de Fórmula 1,
i les graderies es van
omplir d'espectadors
vinguts de tot arreu.
Hi havia una noia
amb un vestit molt bonic
que semblava una princesa.

5

A mitja cursa,
en un moment
molt emocionant,
la noia va sentir
darrere seu una veu ronca
que cridava:
—Pistons! Vinga, avança'l!
La noia es va girar.

I quan tots dos
es van mirar, el capità
i la princesa es van
reconèixer de seguida;
i després d'un moment
de dubte, van córrer
a fer-se el petó que havia
quedat pendent.

—Jo ja no sóc capità —li va dir ell a cau d'orella.

—I jo no sóc princesa —va respondre ella—. Que et sap greu?

—No, no —va dir de seguida el capità—. A més, vés a saber què serem d'aquí un temps. Tot canvia tant...

I no tan sols van fer-se
un altre petó, sinó que,
després de la cursa,
van anar a parar
a l'habitació de la Naina,
on hi havia una casa
de nines que es va
convertir en un hotelet.

El pirata i la princesa
van ser escollits
com a directors
del nou hotel, que va tenir
un gran èxit i de seguida
es va omplir de clients.

I és que l'habitació
de la Naina era
a les golfes de la casa,
i l'hotel tenia una vista
fantàstica: es veien
les teulades de la ciutat
i un bosc al darrere;
i, si el dia era molt serè,
fins i tot es veia,
allà al fons,
una mica de mar.

Han escrit i han dibuixat...

Salvador Comelles

Vaig néixer a Terrassa l'any 1959. Recordo que quan era petit m'encantava llegir, però en canvi no m'agradava gens que em fessin escriure. Per sort, de gran, la balança s'ha equilibrat i puc passar-m'ho bé fent totes dues coses. Això sí, escric amb bastant mala lletra (a mi mateix em costa d'entendre-la, a vegades) i potser aquesta és una de les raons per les quals sempre faig servir l'ordinador.

Vaig començar escrivint contes per presentar-me al premi de la revista *Cavall Fort*, que vaig guanyar l'any 1980. Més tard, em vaig decidir a provar d'escriure narracions llargues, i amb la primera, *El mar dels Naufragis*, vaig guanyar el premi Folch i Torres de l'any 1994. Escric més o menys segons el temps de què disposo, però m'agrada que sempre hi hagi algun llibre meu a punt de publicar. I sobretot que surti per Sant Jordi, ja que trobo que és el moment més bonic per treure un llibre al carrer. En aquest cas, a més, la frase és pot prendre al peu de la lletra.

Com tants altres nens i nenes, al meu fill Joan li agrada omplir-se la banyera de joguines. Moltes vegades, quan es banya, passes a prop i sents que va parlant sol, explicant històries amb tots els animals i ninots que té dintre l'aigua.

Per això, se'm va ocórrer de fer un conte on els protagonistes fossin un pirata i una princesa que comencen les seves aventures en aquest mar tan curiós. Volia que es veiés que cada ninot pot fer mil i un papers segons la imaginació dels nens i que aquests ninots ja estan acostumats a canviar tan sovint de personatge perquè, com si diguéssim, forma part de la seva feina.

Aquest és un dels contes més curts que he escrit, mirant d'aconseguir allò que intentem sempre els escriptors: que no hi falti res però que tampoc no hi sobri res.

Espero que us hagi agradat.

Francesc Rovira

Vaig néixer a Barcelona l'any 1958, al bell mig d'una família nombrosa. De petit, passava moltes estones dibuixant. A casa meva hi havia molts llibres i estàvem subscrits a algunes revistes. Allò que més m'agradava era mirar els dibuixos, les tires còmiques i les il·lustracions. En feia una primera lectura a partir de la imatge; després llegia el text i així m'adonava d'on havia tret la idea l'il·lustrador. A poc a poc vaig decidir que jo també volia interpretar i explicar idees mitjançant el dibuix.

Fa uns quants anys que em dedico a fer il·lustracions. Una de les coses que m'agraden més de la meva professió és la sorpresa que m'emporto quan poso sobre el paper la idea que em ronda pel cap. Si la sorpresa és agradable, la conservo; si és desagradable, l'envio a la paperera. Sense aquest grau d'emoció, la meva professió seria molt avorrida.